AF224233

DÉPÊCHES

ARRIVÉES de Saint-Domingue le 29 Septembre 1790, à l'adresse de l'Assemblée Générale de la partie françoise de Saint-Domingue à Paris.

Copie de la Lettre d'envoi de la Municipalité de Saint-Marc, lieu ordinaire des séances de l'Assemblée Générale.

A Messieurs Messieurs les Membres de l'Assemblée Générale de la partie françoise de Saint-Domingue à Paris.

Municipalité de Saint-Marc, le 10 Août 1790.

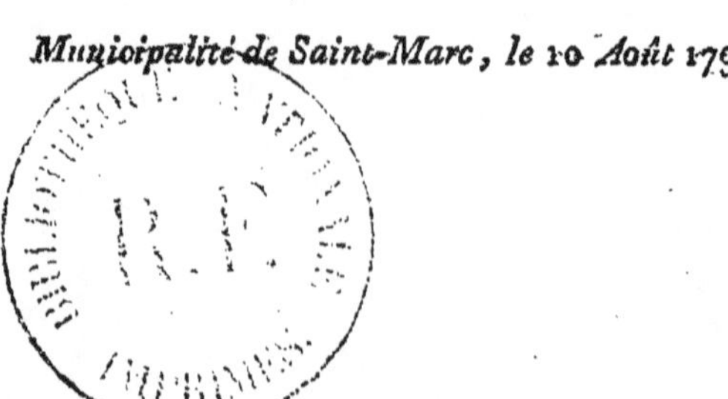

DÉPÊCHES

Arrivées de Saint-Domingue, le 29 Septembre 1790, à l'adresse de l'Assemblée Générale de la partie françoise de Saint-Domingue, à Paris ;

Copie de la Lettre d'envoi de la Municipalité de Saint Marc, lieu ordinaire des séances de l'Assemblée Générale.

A Messieurs Messieurs les Membres de l'Assemblée Générale de la partie françoise de Saint-Domingue, à Paris.

Municipalité de Saint-Marc, le 10 Août 1790.

MESSIEURS,

Vous trouverez ci-joint, comme nous vous l'avons promis, copie des lettres ultérieures de M. de Vinant et de M. de Mon-

A

cabrier, et des réponses que nous y avons faites.

Il n'y a rien de nouveau ici : nous vous adressons les divers paquets venus par les couriers à l'adresse de l'assemblée générale.

Nous avons l'honneur d'être avec un fraternel attachement,

MESSIEURS,

Vos très humbles et très obéissants serviteurs,

Signés, Breton Deschapelles, maire, L. Besnard Boisset, procureur syndic, Villeneuve, officier municipal, Challa, officier municipal, Conain, officier municipal, Guillaume Ogier, officier municipal ; B. Dusolier, officier municipal, Monlausun, substitut du procureur-syndic, Marchand, Beyat, Lacailles, Doné, Fissont, Repos, Bijar, notables ; Carrere secrétaire-greffier.

EXTRAIT des Pieces déposées au Greffe de la Municipalité de Saint-Marc.

Copie d'une Lettre écrite des Gonaïves, le 8 Août 1790, au matin, sur les 10 heures, par M. de Vincent, Commandant pour le Roi dans la partie du nord (1).

MESSIEURS,

Il me seroit bien difficile de pouvoir vous exprimer, comme je le desirerois, tous les sentiments de joie qu'a occasionnés la réponse obligeante que le corps de la municipalité a bien voulu me faire en réponse de

____

(1) Il est bon d'observer qu'encouragés par la destruction de la municipalité du Cap et par l'impunité du carnage du Port-au-Prince, les agents du pouvoir exécutif avoient tout disposé pour égorger les membres de l'assemblée générale, et que deux

A 2

ma lettre à la commune de Saint-Marc : elle m'a été doublement agréable, puisqu'elle m'a été remise par la députation dont vous m'avez honoré dans les personnes de MM. Dusolier et Marchand. Nous étions bien convaincus d'avance, messieurs, que les bons citoyens de Saint-Marc se réuniroient à nous pour donner la paix à cette importante colonie, guidés par un corps qui n'est établi que pour surveiller la tranquillité des citoyens ; nous étions bien sûrs, dis-je, qu'ils cesseroient de donner tout appui à cette assemblée, qui, depuis son installation, n'a semé que la discorde dans toute la colonie. Je serois bien loin de désapprouver les secours que vous avez donnés au vaisseau pour transporter cette assemblée et ses adhérants : si

---

armées s'étoient mises en marche pour cette féroce expédition. Les citoyens accoururent de toutes parts à Saint - Marc pour défendre leurs représentants, promettoient une défaite complette de tous les ennemis de la régénération. Mais le sang des citoyens auroit coulé : ces dignes représentants ont préféré le parti ruineux, mais grand, de venir porter leurs plaintes à la mère-patrie.

c'est pour les éloigner de la colonie ; tant
mieux, jusqu'à ce qu'une nouvelle assemblée
ait formé un plan de constitution , décrété
par l'assemblée nationale , sanctionné par le
roi et établi dans la colonie. La perte du vaisseau le Léopard est grande ; mais on ne peut
acheter trop cher la paix , faire revivre l'u-
nion, qui n'auroit jamais été troublées'il n'y
avoit pas eu des mal intentionnés dans cette
assemblée. Oui , messieurs, je le répéterai ,
quoique je n'aie rempli aux yeux de mes
concitoyens qu'une foible partie de ce qu'ils
m'ont ordonné ; je m'en trouve dédommagé
en donnant à nos chers citoyens de Saint-
Marc leur tranquillité ; et j'y ajouterai et
donne ma parole que les troupes que je
commande ne passeront pas l'Estaire, que
je resterai ici à poste fixe jusques à ce que
nous connoissions la destination du vaisseau
et le parti définitif que cette assemblée aura
pris pour sa nouvelle destination.

J'y ajouterai, messieurs, que si le vaisseau ne vous avoit pas débarrassés de cette
multitude de gens inconnus, je vous offre
un détachement des troupes réglées, que
vous ne conserverez que le temps nécessaire

pour vous en débarrasser. Je vais attendre
avec impatience la nouvelle qui me confir-
mera le départ du vaisseau et sa destination.

Je suis avec une respectueuse fraternité,

Messieurs,

> Votre très humble et
> très obéissant servi-
> teur,

> *Signé*, Vincent.

Pour copie conforme à l'original,

Collationné, Carrere, secrétaire-greffier.

(7)

*Copie de la deuxieme Lettre écrite le 8 Août
1790, des Gonaïves, à 10 heures du soir,
par M. de Vincent.*

MESSIEURS,

C'est au moment du départ de vos députés
que j'apprends que le vaisseau est encore à S.
Marc. Pour ne rien changer à ma premiere
lettre, je prends le parti, messieurs, de vous
écrire cette seconde pour vous prévenir que
je ne fais pas partir les deux députés que
je vous annonçai dans ma premiere pour
vous la porter; mais pour vous répéter,
messieurs, que si l'assemblée n'a pas aban-
donné Saint-Marc sous vingt-quatre heures
après l'arrivée de vos députés, je fixe pour
tout délai le temps de votre réponse à mardi
matin; alors je serai forcé de me mettre en
mesure pour remplir ma mission. Mes sol-
dats sont impatients de marcher, non con-

A 4

tre des citoyens, mais pour l'objet qui a dé-
terminé l'expédition. M. le commandant des
troupes de l'ouest pourroit doubler sa marche : je vais la faire retarder jusqu'au délai
que j'ai fixé à votre réponse définitive.

J'attendrai encore avec impatience la der-
niere résolution de la municipalité vis-à-vis
l'assemblée séante à Saint-Marc,

Je suis avec une respectueuse fraternité,

Monsieur,

Votre très humble et
très obéissant ser-
viteur,

Signé, Vincent.

Pour copie conforme à l'original,

Collationné, Carrere, secrétaire-greffier.

Copie de la Réponse de la Municipalité de Saint-Marc aux deux Lettres ci-dessus, en date du trois Août, trois heures de relevée.

MESSIEURS,

La municipalité de Saint-Marc répond en même temps à vos lettres adressées à la commune et à la municipalité. A la lecture qui en a été faite, personne n'a reconnu, dans le style du général, M. de Vincent, brave militaire et bon citoyen: on a été fort étonné d'y voir qu'au lieu de se renfermer dans sa mission, il se permette de critiquer les opérations de l'assemblée générale; que cette ville a été plus àportée de juger que qui que ce soit et dans laquelle elle n'a reconnu que de bonnes dispositions.

La commune nous charge de vous mander qu'elle n'a du tout point contribué à faire éloigner l'assemblée générale, et qu'elle a au contraire bien eu de la peine à consentir au parti qu'elle a pris. Tous les habitants qui

(10)

s'étoient rendus ici en grand nombre de dif-
férentes paroisses pensoient de même.

Le vaisseau du roi est parti d'hier au soir
emmenant 84 députés. Quelle est sa destination ? Nous sommes ici fermement per-
suadés qu'il va en France.

Tous les habitants sont retirés ; la ville est
réduite à ceux qui l'habitent : il a été pris
des mesures pour la sûreté intérieure, et ses
troupes patriotiques sont suffisantes pour l'y
maintenir.

Nous avons l'honneur d'être avec un fraternel attachement,

MONSIEUR,

Vos très humbles,
très obéissants
serviteurs,

Signés, Breton des Chapelles, maire,
Challa, municipal, Pitteu, Villeneuve, Dusolier, Conain, Ogier, officiers municipaux, Besnard-Boisset, procureur-syndic,
Monlausun, substitut, Carrere.

Pour copie conforme à l'original,

Collationné, Carrere, secrétaire-greffier.

Copie de la Lettre écrite par M. de Mon-
cabrié, Capitaine de vaisseau, à la
Municipa lité de Saint-Marc, à bord de
la Vestale, le 8 Août 1790, en rade des
Gonaïves, remise par les deux Députés.

MESSIEURS,

D'après les sentiments et les vœux que
nous ont témoigné hier messieurs les
députés de la commune de Saint-Marc, pour
voir rétablir la paix dans la colonie, je
m'adresse à vous, messieurs, avec confiance,
pour réclamer le renvoi de la goëlette l'A-
lexandrine, commandée par M. de Beaunay,
que je suis dans le cas de croire retenu à
Saint-Marc. Lorsque je l'ai expédiée pour
Saint-Marc, j'étois bien éloigné de soup-
çonner qu'un bâtiment du roi, fait pour
maintenir la police sur la côte, pût courir
aucun risque dans un port françois. M. de
Beaunay devoit me rejoindre hier matin ; le
retard me jette dans la plus grande inquié-
tude. Veuillez, messieurs, prendre ma de-

mande en considération. Si votre réponse
m'est portée par M. de Beaunay, elle me
persuadera que Saint-Marc ne veut que la
paix. Si au contraire, contre mon attente,
votre réponse étoit à la négative, vous me
mettriez dans le cas d'user de représailles
contre tous les bâtiments destinés pour
Saint-Marc.

Ma confiance en vous, messieurs, est
telle, que j'ose espérer que vous voudrez
bien prendre sous votre sauve-garde MM. de
Beaunay, de Sehune et Vangot, éleves
de la marine, ainsi que l'équipage total de
la goëlette, et les préserver de tout mau-
vais traitement, qui ne pourroit être, dans les
circonstances présentes, que le signal de la
discorde.

J'ai l'honneur d'être avec une respectueuse considération,

MESSIEURS,

Votre très humble et
très obéissant ser-
viteur,

Signé, de Peytes Moncabrié,
capitaine de vaisseau.

Pour copie conforme à l'original, Carrère, secrétaire-greffier.

Collationné, Carrere.

A bord de la frégate la Vestale, le 8 août 1790, en rade des Gonaïves.

Copie de la Réponse de la Municipalité de Saint-Marc à la Lettre de M. Monca-brier, Capitaine de vaisseau, du 9 Août 1790.

MONSIEUR,

La goëlette l'Alexandrine, commandée par M. de Beaunay, est dans la rade de notre ville. Cet officier y est en liberté ainsi que MM. de Schune et Vangot, éleves de la marine. Nos citoyens ont trop d'honneur pour qu'ils aient rien à redouter ; et ils n'hésitent pas à les prendre sous leur sauve-garde.

M. de Beaunay est le maître de partir quand il voudra ; nous l'engagerons à le faire le plutôt possible, pour faire cesser vos inquiétudes : il vous écrit ; nous joignons ici sa lettre.

Nous avons l'honneur d'être très fraternellement,

M o n s i e u r,

Vos très humbles et très obéissants serviteurs,

Signés, Breton des Chapelles, maire, Challa, Villeneuve, Conain, Pitteu, Dusolier, Ogier, officiers municipaux, Besnard, Boisset, proc.-syndic, Monlausun, substitut, Carrere, greffier.

Pour copie conforme à l'original, Carrère, secrétaire-greffier.

Collationné, Carrere.

Fait en la municipalité de Saint-Marc, le neuf août 1790.

(15)

---

*Copie de la Lettre d'un Officier munici-
pal de Saint-Marc à un de ses amis à
Paris.*

Saint-Marc, le 10 Août 1790.

En bon patriote, mon cher ami, je vous
adresse divers paquets des paroisses de
Saint-Domingue à l'assemblée générale,
obligée de fuir devant le fer meurtrier des
assassins du despotisme : elle a pris ce sage
parti pour éviter l'effusion de sang de ses
concitoyens, inévitable, sur-tout dans cette
ville où elle tenoit ses séances. Elle vous
apprendra elle-même tout ce qu'elle a eu à
essuyer de cruel de la part du gouverne-
ment.

Elle a été porter sa cause devant le grand
juge, qui lui rendra la justice qu'elle mérite.
Je vous écrits à la hâte ce peu de mots.

L'ami Conain vous écrit aujourd'hui par le même navire. Outre ce paquet, j'en adresse un autre à M. Berard aîné, et un troisieme à MM. les habitants de Saint-Domingue, à l'hôtel de Marbet, contenant, ainsi que celui-ci, divers paquets à l'adresse de l'assemblée générale de Saint-Domingue. Je vous mande tous ces détails afin que vous réclamiez ces divers paquets, si on vouloit les soustraire ; car tout a conspiré jusqu'à ce jour contre cette auguste mais trop infortunée assemblée, qui n'a subi son triste sort que pour avoir lutté contre les abus inouis qui existent à Saint-Domingue.

Ces dignes membres, qui m'ont tous connu pour un bon patriote et bon François, se rappelleront de moi lorsque vous leur en parlerez. Nous nous sommes quittés dans les larmes ; mais l'espoir de les voir revenir victorieux et comblés de gloire, me fera affronter tous les périls pour leur être utile.

Il paroît en ce moment que la ressource du général et son indigne conseil est de convoquer une nouvelle assemblée. S'il est quelques paroisses assez viles, assez basses, assez indignes du nom françois; ils doivent êtres sûrs que la plus grande partie se tiendra en garde contre les trames des ennemis du bien public.

Je vous instruirai, mon bon ami de, tout ce qui succédera, afin que vous puissiez faire passer ces avis aux membres de l'assemblée générale, pour leur servir dans leur justification.

Je vous embrasse, mon bon ami, et suis de cœur bien sincèrement,

> Votre bon ami, CARRERE, secrétaire - greffier en la municipalité de Saint-Marc.

Pour copie conforme aux originaux; *Paris*, ce 30 septembre 1790; DE PONS.